AF194051

Impressum
Verlag: BABADADA GmbH, Nedderfeld 112 , 22529 Hamburg
Geschäftsführer / Verlagsleitung: Harald Hof
Druck: Books on Demand GmbH, In de Tarpen 42, 22848 Norderstedt

Imprint
Publisher: BABADADA GmbH, Nedderfeld 112 , 22529 Hamburg, Germany
Managing Director / Publishing direction: Harald Hof
Print: Books on Demand GmbH, In de Tarpen 42, 22848 Norderstedt

學校
escola

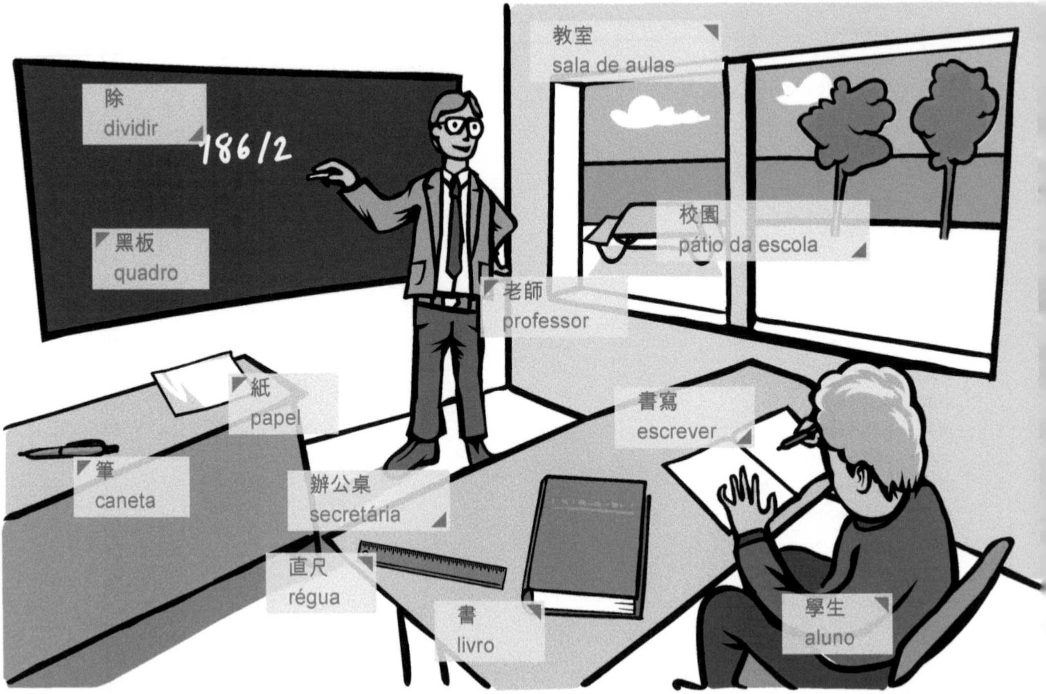

教室
sala de aulas
除
dividir
186/2
黑板
quadro
校園
pátio da escola
老師
professor
紙
papel
書寫
escrever
筆
caneta
辦公桌
secretária
直尺
régua
書
livro
學生
aluno

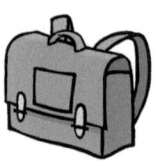

書包

mochila

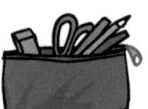

鉛筆盒

estojo de lápis

鉛筆

lápis

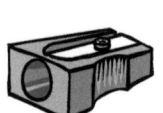

削鉛筆機

afia-lápis

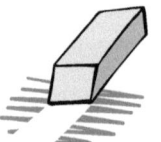

橡皮擦

borracha

畫板

bloco de desenho

圖畫
desenho

畫筆
pincel

顏料盒
caixa de tintas

剪刀
tesoura

膠水
cola

練習冊
livro de exercícios

家庭作業
trabalhos de casa

數字
número

加
somar

減
subtrair

乘
multiplicar

計算
calcular

字母
letra

ABCDEFG
HIJKLMN
OPQRSTU
VWXYZ

字母表
alfabeto

hello

字
palavra

課文

texto

讀

ler

粉筆

giz

上課

hora

登記

registo de presenças

考試

exame

證書

certificado

校服

uniforme escolar

教育

educação

百科全書

enciclopédia

大學

universidade

顯微鏡

microscópio

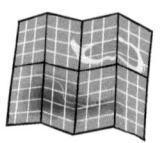

地圖

mapa

廢紙簍

cesto de lixo

學校 - escola

旅行

viagem

飯店
hotel
Grand
青年旅社
hostel
ROOMS
外幣兌換處
casa de câmbio
手提箱
mala
汽車
carro

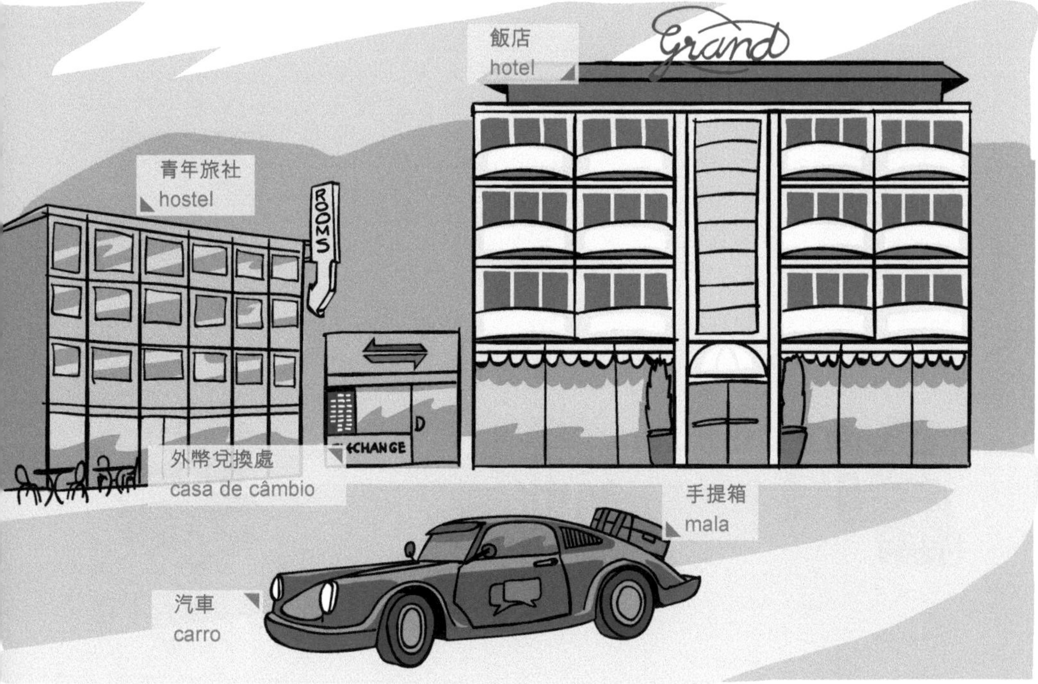

語言

idioma

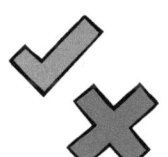

是/否

sim / não

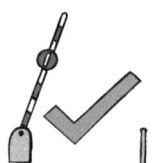

好的

ok / certo / correto

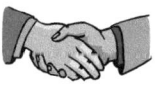

您好

olá

翻譯人員

intérprete

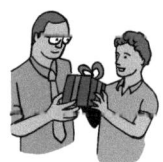

謝謝

obrigado

.....多少錢？

quanto é que custa... ?

我不明白

não entendo

問題

problema

晚上好！

boa noite!

早上好！

Bom dia!

晚安！

Boa noite!

再見

adeus

方向

direção

行李

bagagem

包

saco

背包

mochila

客人

convidado

房間

quarto

睡袋

saco-cama

帳篷

tenda

旅行資訊

informação turística

海灘

praia

信用卡

cartão de crédito

早餐

pequeno-almoço

午餐

almoço

晚餐

jantar

票

bilhete

電梯

elevador

郵票

selo postal

邊界

fronteira

海關

alfândega

大使館

embaixada

簽證

visto

護照

passaporte

交通運送

transporte

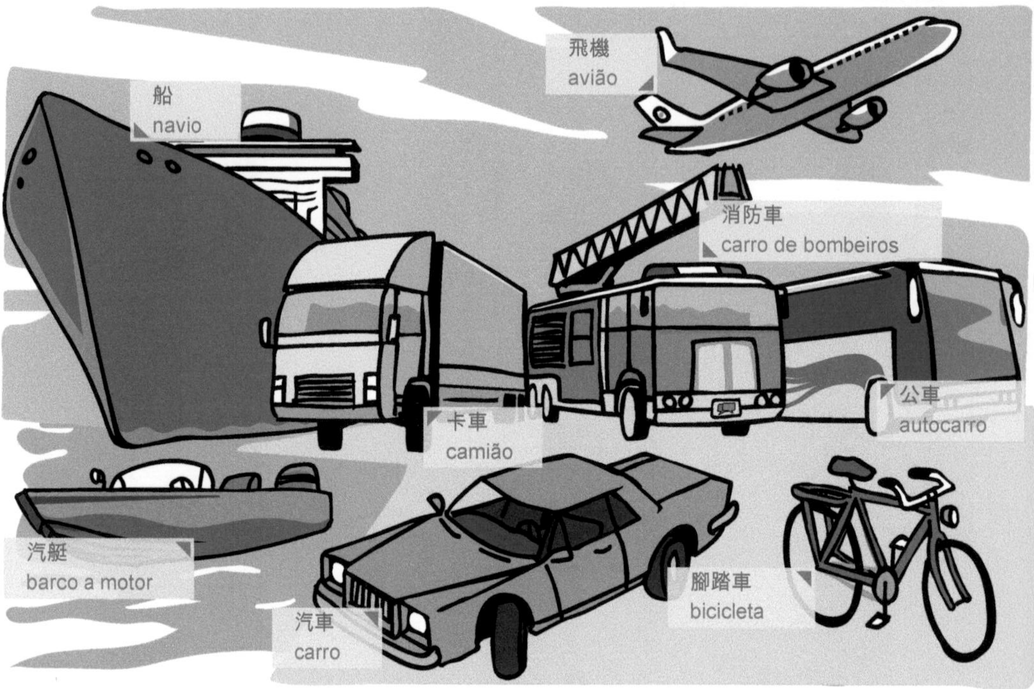

飛機
avião
船
navio
消防車
carro de bombeiros
公車
autocarro
卡車
camião
汽艇
barco a motor
腳踏車
bicicleta
汽車
carro

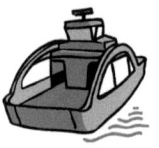

渡輪

cacilheiro

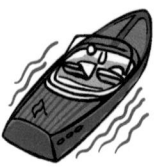

小船

barco

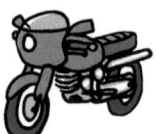

機車

mota

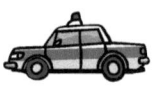

警車

carro de polícia

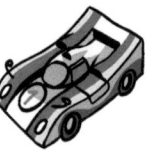

賽車

carro de corrida

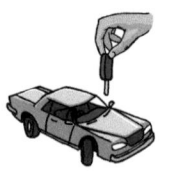

租車

carro alugado

拼車

carsharing

拖車

camião de reboque

垃圾車

camião do lixo

馬達

motor

汽油

combustível

加油站

estação de serviço

交通標識

sinal de trânsito

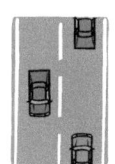

交通

trânsito

交通堵塞

congestionamento de trânsito

停車場

parque de estacionamento

火車站

estação ferroviária

軌道

carris

火車

comboio

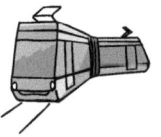

路面電車

elétrico

客車廂

carruagem

直升機

helicóptero

機場

aeroporto

塔

torre

乘客

passageiro

集裝箱

contentor

紙板箱

caixa de papelão

手推車

carrinho

籃子

cesto

起飛/降落

levantar voo / aterrar

城市

cidade

村莊

aldeia

市中心

centro da cidade

房子

casa

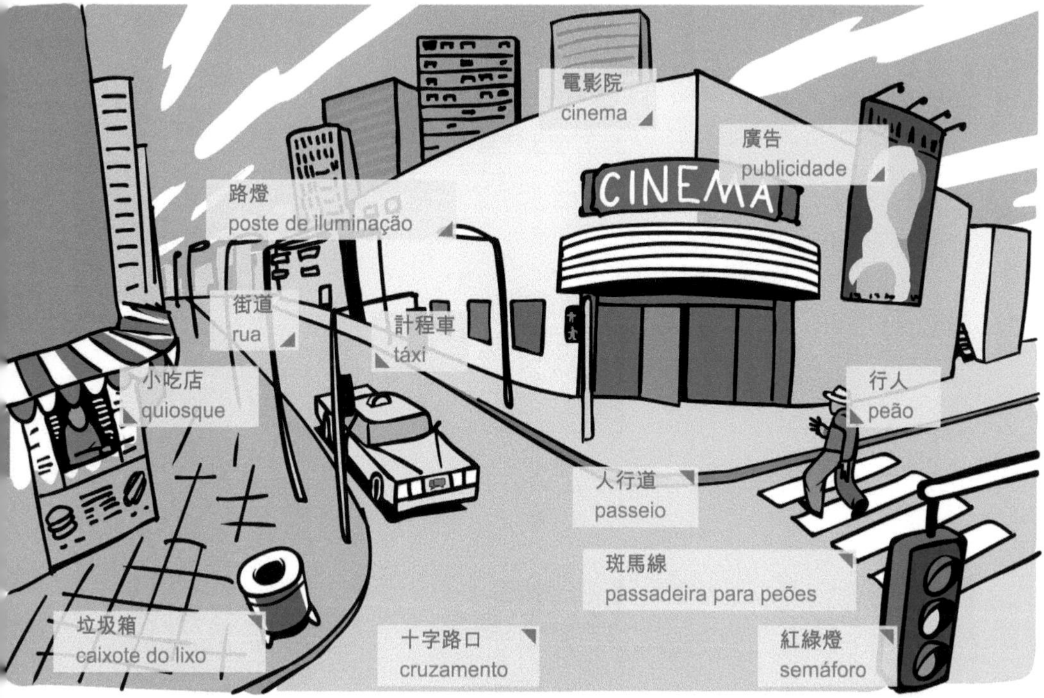
電影院
cinema
廣告
publicidade
CINEMA
路燈
poste de iluminação
街道
rua
計程車
táxi
小吃店
quiosque
行人
peão
人行道
passeio
斑馬線
passadeira para peões
垃圾箱
caixote do lixo
十字路口
cruzamento
紅綠燈
semáforo

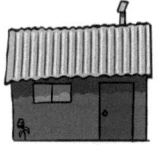

小屋

cabana

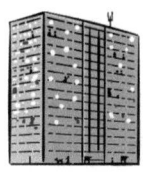

公寓

apartamento

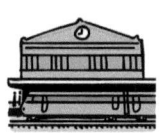

火車站

estação ferroviária

市政廳

câmara municipal

MUSEUM

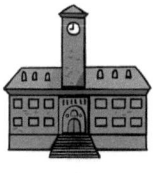

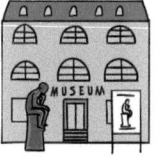

博物館

museu

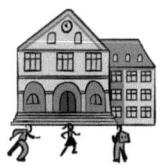

學校

escola

大學
universidade

銀行
banco

醫院
hospital

飯店
hotel

藥房
farmácia

辦公室
escritório

書店
livraria

商店
loja

花店
florista

超市
supermercado

市場
mercado

百貨商店
loja de departamentos

魚店
peixaria

購物中心
centro comercial

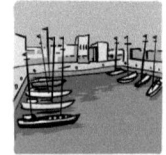

海港
porto

公園
parque

長凳
banco

橋
ponte

樓梯
escadas

捷運
metro

隧道
túnel

公車站
paragem de autocarro

酒吧
bar

餐館
restaurante

郵筒
caixa de correio

路標
sinal de trânsito

停車計時器
parquímetro

動物園
jardim zoológico

游泳池
piscina

清真寺
mesquita

農場

quinta

污染

poluição

墓地

cemitério

教堂

igreja

操場

parque infantil

寺廟

templo

地形
paisagem

樹葉
folha

指示牌
placa de sinalização

路
caminho

草地
prado

石頭
pedra

徒步旅行者
caminhantes

樹
árvore

河
rio

草
relva

花
flor

峽谷

vale

丘陵

montanha

湖

lago

森林

floresta

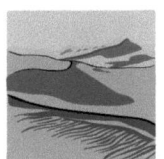

沙漠

deserto

火山

vulcão

城堡

castelo

彩虹

arco-íris

蘑菇

cogumelo

棕櫚樹

palma

蚊子

mosquito

蒼蠅

mosca

螞蟻

formiga

蜜蜂

abelha

蜘蛛

aranha

甲蟲

besouro

青蛙

sapo

松鼠

esquilo

刺蝟

ouriço

野兔

lebre

貓頭鷹

coruja

鳥

pássaro

天鵝

cisne

野豬

javali

鹿

veado

麋鹿

alce

水壩

barragem

風力發電機

turbina eólica

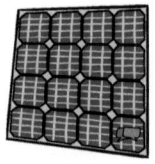

太陽能電池板

painel solar

氣候

clima

餐館

restaurante

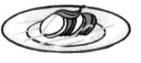

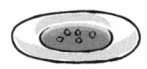

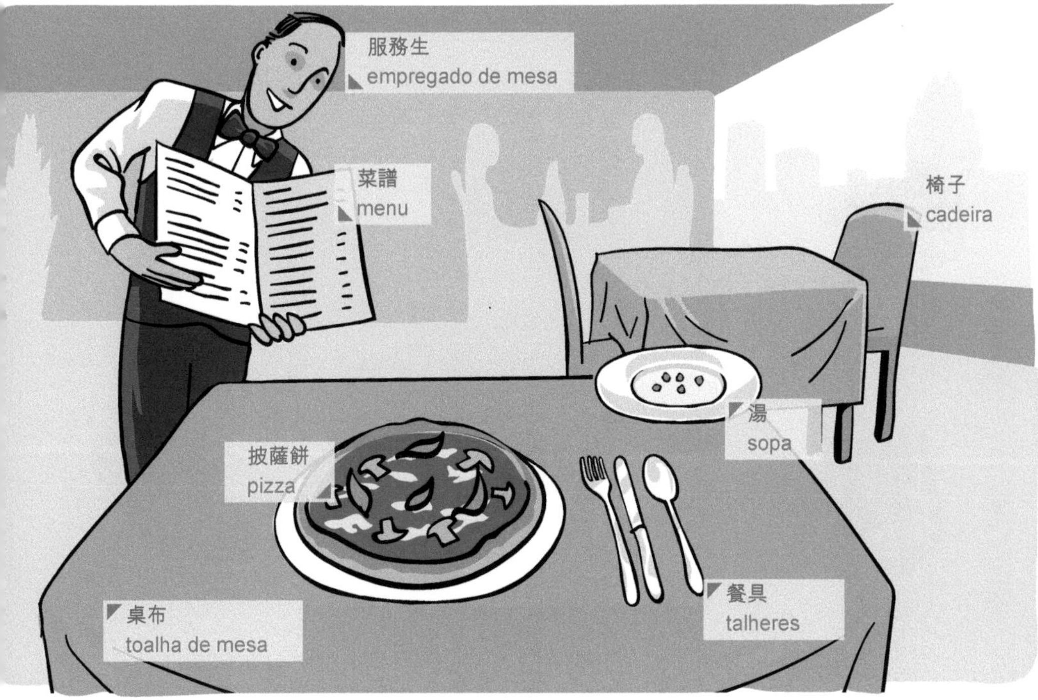

服務生
empregado de mesa
菜譜
menu
椅子
cadeira
湯
sopa
披薩餅
pizza
桌布
toalha de mesa
餐具
talheres

前菜

entrada

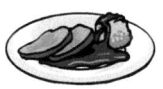

主菜

prato principal

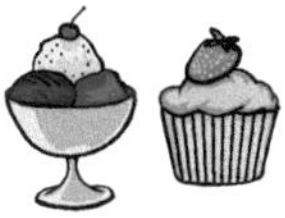

甜點

sobremesa

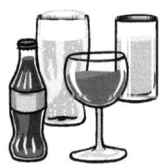

飲料

bebidas

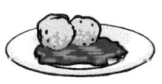

食物

comida

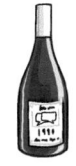

瓶子

garrafa

速食

fast food

街邊小吃

comida de rua

茶壺

bule de chá

糖盒

açucareiro

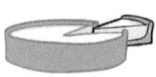

一份飯菜

porção

義式咖啡機

máquina de café expresso

高腳椅

cadeira alta

帳單

conta

托盤

bandeja

刀

faca

餐叉

garfo

勺子

colher

茶匙

colher de chá

餐巾

guardanapo

玻璃杯

copo

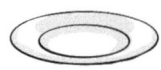

碟子
prato

湯盤
prato de sopa

碟子
pires

醬
molho

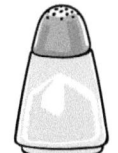

鹽瓶
saleiro

胡椒研磨罐
moinho de pimenta

醋
vinagre

食用油
óleo

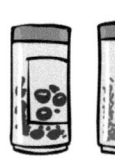

調味料
especiarias

番茄醬
ketchup

芥末
mostarda

美乃滋
maionese

超市

supermercado

特價
oferta especial
FOR
顧客
cliente
乳製品
laticínios
水果
fruta
購物車
carrinho de compras

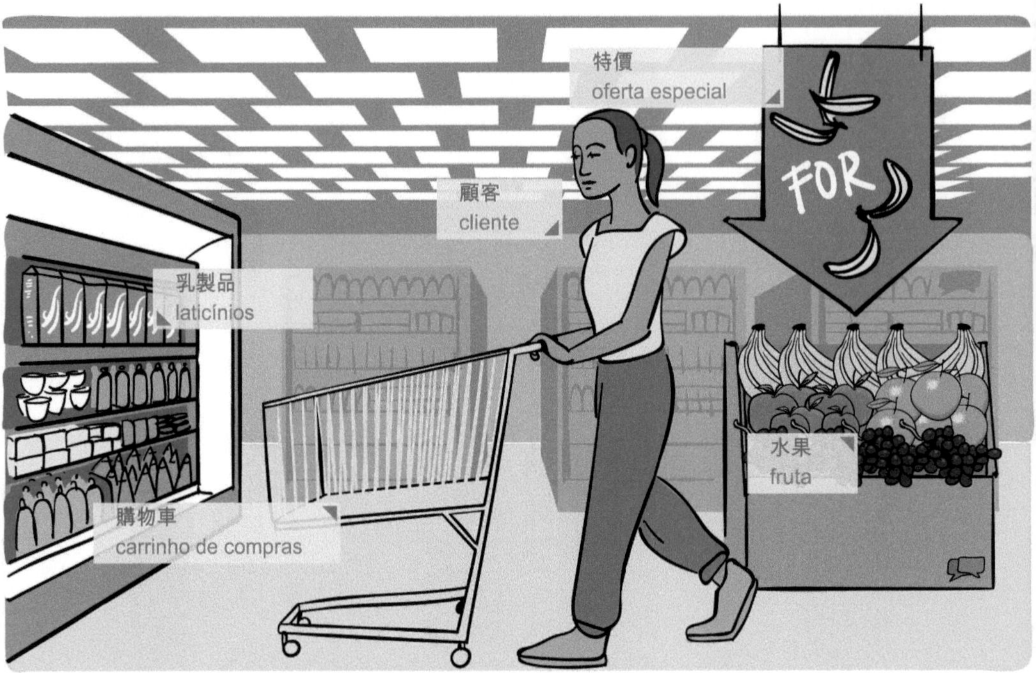

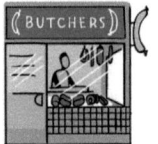

BUTCHERS

肉鋪

talho

BAKERY

麵包店

padaria

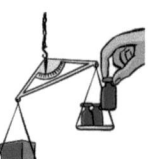

稱重

pesar

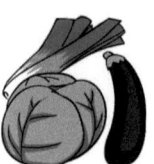

蔬菜

vegetais

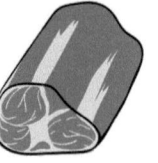

肉

carne

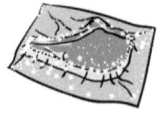

冷凍食品

alimentos congelados

冷盤
charcutaria

罐頭食品
comida enlatada

洗衣粉
detergente em pó

甜食
doces

日用品
artigos domésticos

清潔用品
produtos de limpeza

銷售員
vendedora

收銀機
caixa

收銀員
caixa

購物清單
lista de compras

開放時間
horário de funcionamento

錢包
carteira

信用卡
cartão de crédito

袋子
saco

塑膠袋
saco de plástico

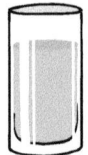

水

água

果汁

sumo

牛奶

leite

可樂

coca-cola

紅酒

vinho

啤酒

cerveja

酒

álcool

可可

cacau

茶

chá

咖啡

café

義式濃縮咖啡

café expresso

卡布奇諾

capuccino

香蕉

banana

蘋果

maçã

柳丁

laranja

西瓜

melão

檸檬

limão

胡蘿蔔

cenoura

大蒜

alho

竹子

bambu

洋蔥

cebola

蘑菇

cogumelo

堅果

nozes

麵條

talharim

義大利麵

esparguete

米飯

arroz

沙拉

salada

薯條

batatas fritas

炸馬鈴薯

batatas fritas

披薩餅

pizza

漢堡

hambúrguer

三明治

sanduíche

炸豬排

bife panado

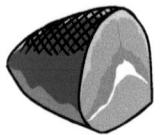

火腿

fiambre

義大利臘腸

salame

香腸

salsicha

雞肉

galinha

烤肉

assado

魚

peixe

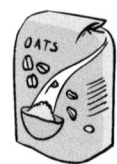

燕麥片

flocos de aveia

木斯里

muesli

玉米片

flocos de milho

麵粉

farinha

牛角麵包

croissant

麵包捲

carcaça (pãozinho)

麵包

pão

吐司

torrada

餅乾

biscoitos

奶油

manteiga

凝乳

requeijão

蛋糕

bolo

蛋

ovo

煎蛋

ovo estrelado

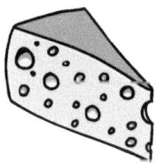

起司

queijo

冰淇淋

gelado

糖

açúcar

蜂蜜

mel

果醬

compota

巧克力醬

creme de nougat

咖哩

caril

農場

quinta

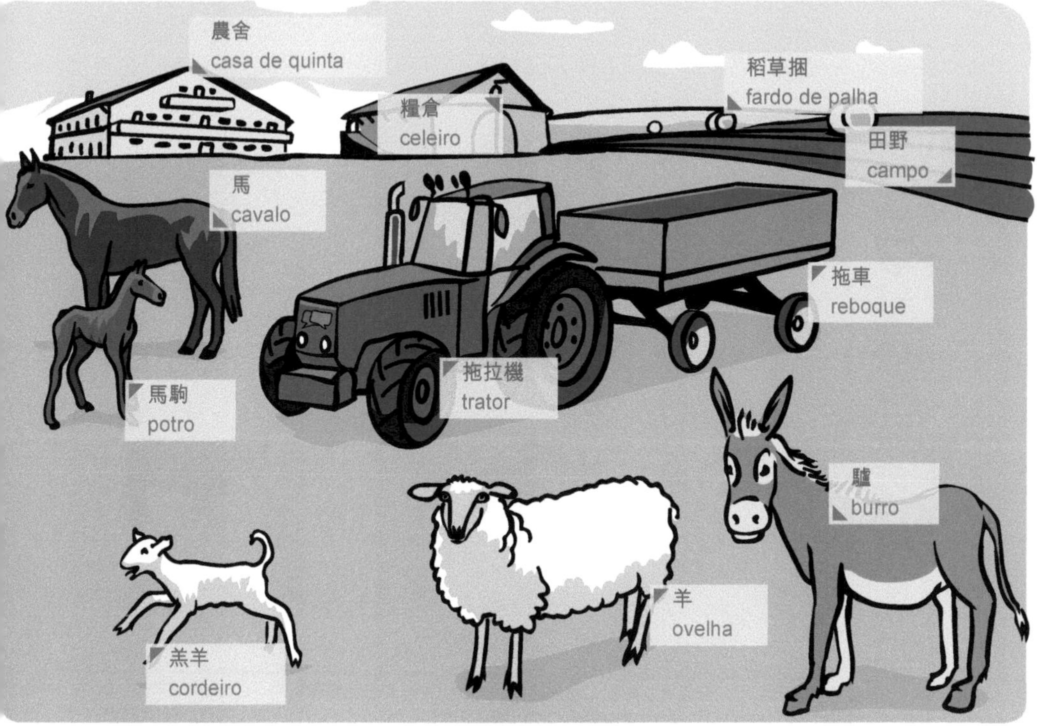

農舍
casa de quinta
稻草捆
fardo de palha
糧倉
celeiro
田野
campo
馬
cavalo
拖車
reboque
拖拉機
trator
馬駒
potro
驢
burro
羊
ovelha
羔羊
cordeiro

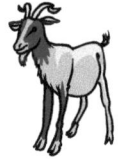

山羊

cabra

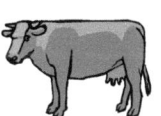

奶牛

vaca

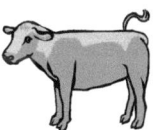

小牛

bezerro

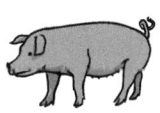

豬

porco

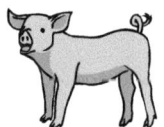

小豬

leitão

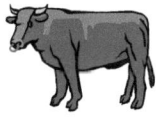

公牛

touro

鵝

ganso

鴨

pato

小雞

pintaínho

母雞

galinha

公雞

galo

鼠

ratazana

貓

gato

老鼠

rato

牛

boi

狗

cão

狗屋

casota

花園澆水軟管

mangueira de jardim

澆水壺

regador

長柄大鐮刀

foice

犁

arado

鐮刀

foice

鋤頭

enxada

長柄草耙

forquilha

斧頭

machado

獨輪手推車

carrinho de mão

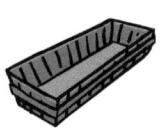

飼料槽

manjedoura

牛奶罐

jarro de leite

麻布袋

saco

柵欄

cerca

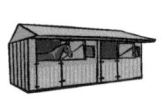

馬廄

estábulo

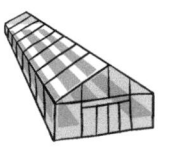

溫室

estufa

土壤

solo

種子

semente

肥料

fertilizante

聯合收割機

ceifeira-debulhadora

收割

colher

收割

colheita

地瓜

inhame

小麥

trigo

大豆

soja

土豆

batata

玉米

milho

油菜籽

colza

果樹

árvore de fruto

樹薯

mandioca

穀物

cereais

房子
casa

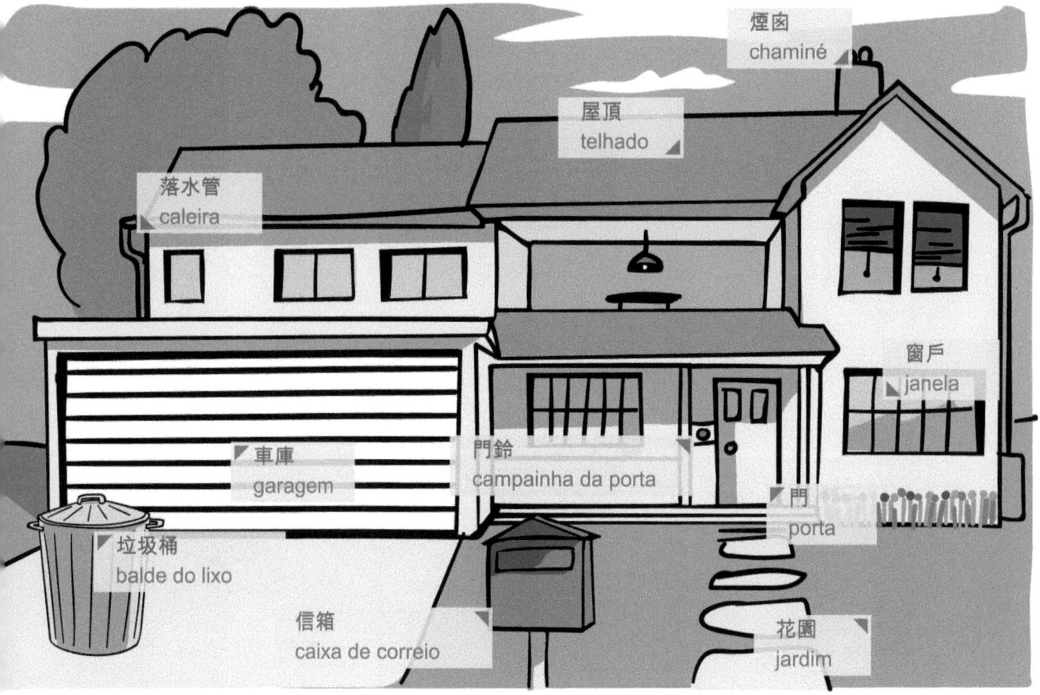
煙囪
chaminé
屋頂
telhado
落水管
caleira
窗戶
janela
車庫
garagem
門鈴
campainha da porta
門
porta
垃圾桶
balde do lixo
信箱
caixa de correio
花園
jardim

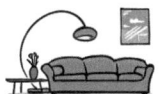

客廳

sala de estar

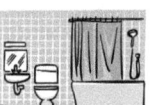

浴室

casa de banho

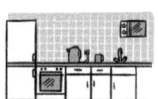

廚房

cozinha

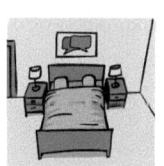

臥室

quarto de dormir

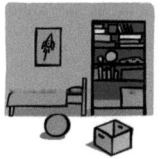

兒童房

quarto de criança

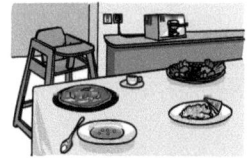

餐廳

sala de jantar

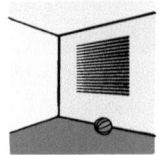

地板

chão

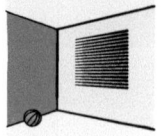

牆壁

parede

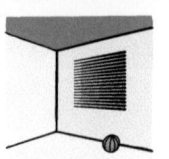

天花板

teto

地窖

cave

三溫暖

sauna

陽臺

varanda

露臺

terraço

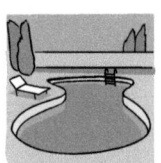

游泳池

piscina

割草機

máquina de cortar relvado

被單

lençol

床罩

cobertor

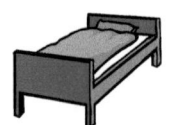

床

cama

掃帚

vassoura

水桶

balde

開關

interruptor

客廳

sala de estar

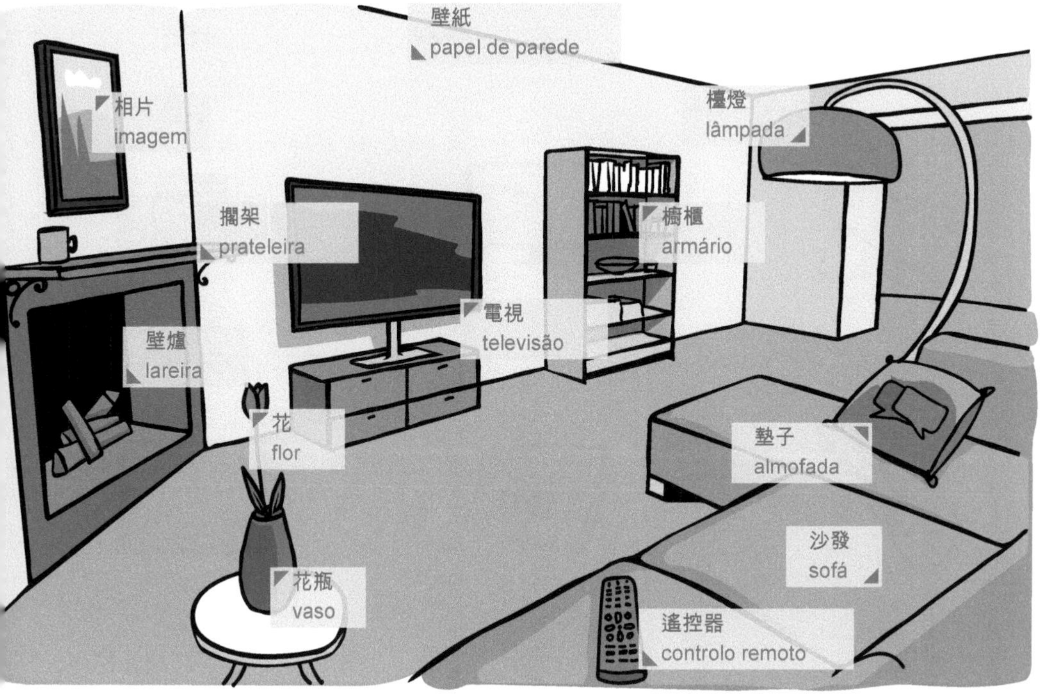

壁紙
papel de parede
相片
imagem
檯燈
lâmpada
擱架
prateleira
櫥櫃
armário
電視
televisão
壁爐
lareira
花
flor
墊子
almofada
沙發
sofá
花瓶
vaso
遙控器
controlo remoto

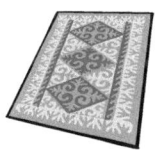

地毯

tapete

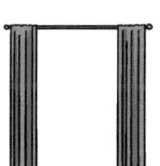

窗簾

cortina

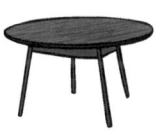

餐桌

mesa

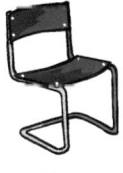

椅子

cadeira

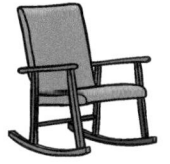

搖椅

cadeira de baloiço

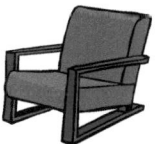

扶手椅

poltrona

書

livro

毯子

cobertor

裝飾品

decoração

木柴

lenha

電影

filme

高傳真音響

sistema estéreo

鑰匙

chave

報紙

jornal

油畫

pintura

海報

póster

收音機

rádio

筆記本

bloco de notas

吸塵器

aspirador

仙人掌

cato

蠟燭

vela

廚房

cozinha

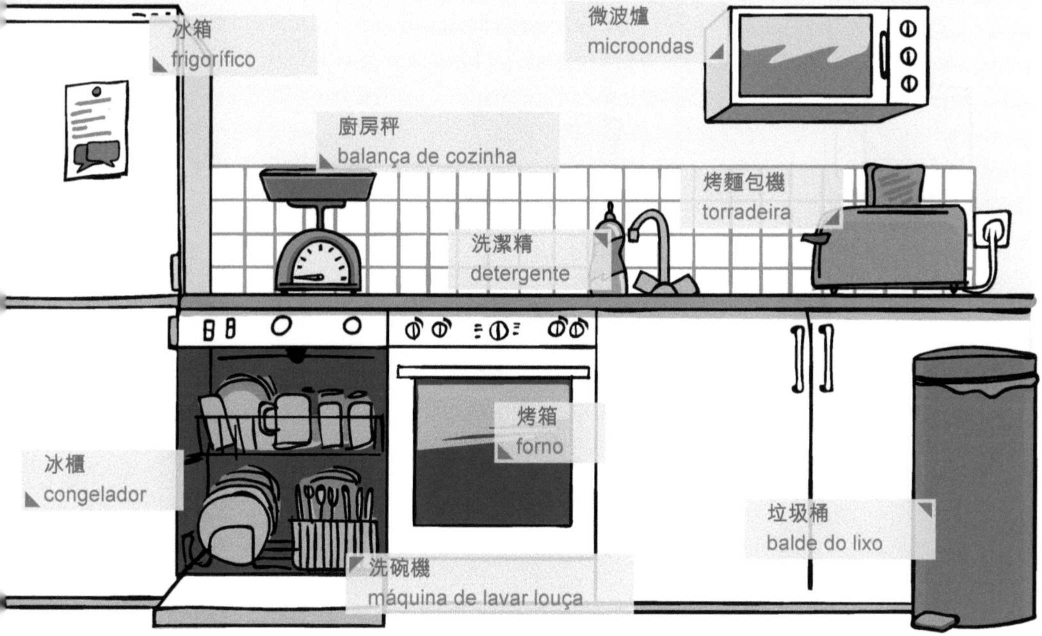

冰箱
frigorífico
微波爐
microondas
廚房秤
balança de cozinha
烤麵包機
torradeira
洗潔精
detergente
烤箱
forno
冰櫃
congelador
垃圾桶
balde do lixo
洗碗機
máquina de lavar louça

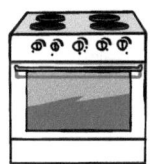

炊具

fogão

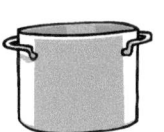

鍋

panela

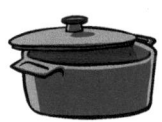

鑄鐵鍋

panela de ferro

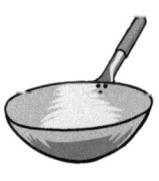

炒鍋

wok / kadai

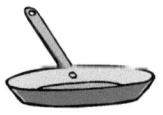

平底鍋

frigideira

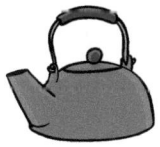

水壺

chaleira

蒸鍋

panela a vapor

烤盤

tabuleiro de forno

陶瓷鍋

louça

馬克杯

caneca

碗

tigela

筷子

pauzinhos

長柄勺

concha de sopa

鏟子

espátula

攪拌器

batedor de claras

濾網

escorredor

篩子

peneira

磨碎機

ralador

研缽

almofariz

燒烤

churrasqueira

明火

lareira

菜板

tábua de cortar

擀麵杖

rolo da massa

開瓶器

saca-rolhas

罐子

lata

開罐器

abridor de latas

隔熱手套

luvas de forno

水槽

lava-loiça

刷子

escova

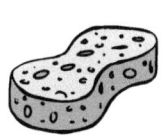

海綿

esponja

攪拌機

liquidificador

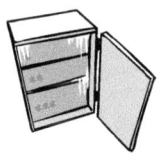

冷藏箱

arca frigorífica

奶瓶

biberão

水龍頭

torneira

浴室

casa de banho

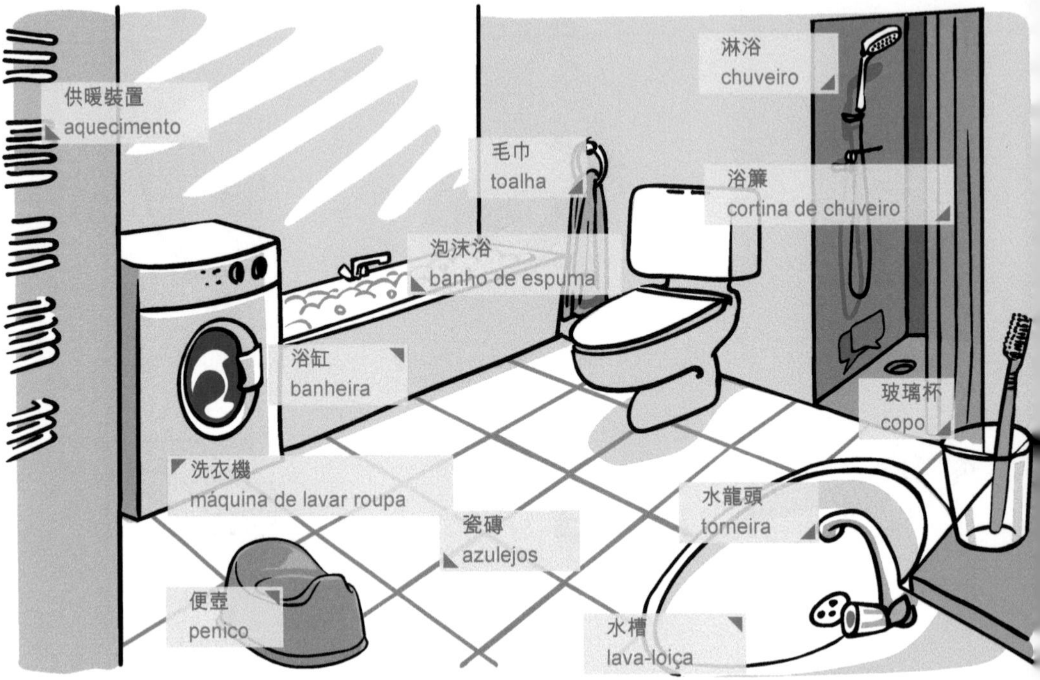

供暖裝置
aquecimento
毛巾
toalha
淋浴
chuveiro
浴簾
cortina de chuveiro
泡沫浴
banho de espuma
浴缸
banheira
玻璃杯
copo
洗衣機
máquina de lavar roupa
瓷磚
azulejos
水龍頭
torneira
便壺
penico
水槽
lava-loiça

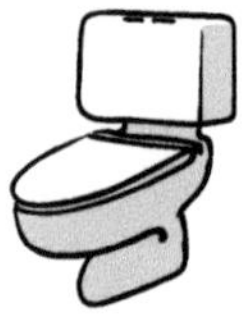

廁所

sanita

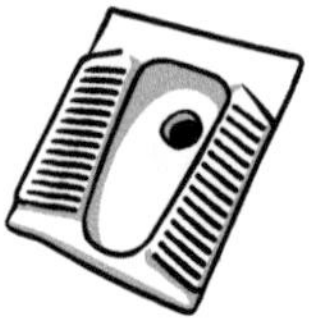

蹲便器

retrete turca

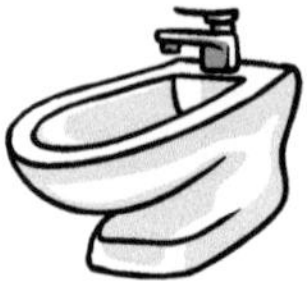

坐浴器

bidé

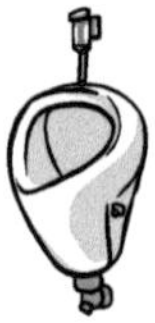

小便斗

urinol

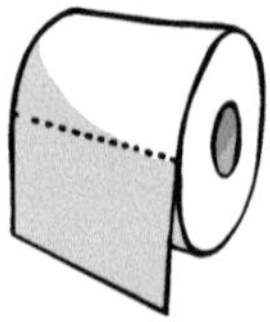

廁紙

papel higiénico

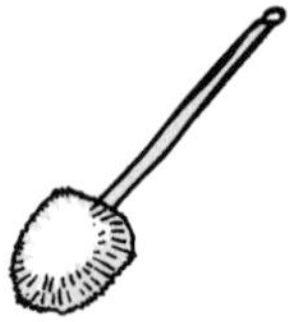

馬桶刷

piaçaba

牙刷

escova de dentes

牙膏

pasta de dentes

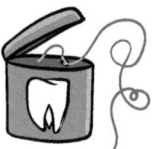

牙線

fio dentário

洗

lavar

手持式蓮蓬頭

chuveiro de mão

沖洗器

duche íntimo

洗臉盆

bacia

洗背刷

escova para as costas

肥皂

sabonete

沐浴露

gel de banho

洗髮乳

champô

法蘭絨

toalha de rosto

排水

escoamento

乳霜

creme

除臭劑

desodorizante

鏡子

espelho

手鏡

espelho de mão

刮鬍刀

máquina de barbear

刮鬍泡沫

creme de barbear

鬍後水

loção pós-barba

梳子

pente

刷子

escova

吹風機

secador de cabelo

噴髮定型劑

spray de cabelo

化妝品

maquilhagem

唇膏

batom

指甲油

verniz de unhas

化妝棉

algodão

指甲剪

tesoura para unhas

香水

perfume

洗漱包

nécessaire

凳子

tamborete

計重秤

balança

浴袍

roupão de banho

橡膠手套

luvas de borracha

衛生棉條

tampão

衛生棉

penso higiénico

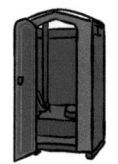

化學廁所

WC químico

兒童房

quarto de criança

鬧鐘
despertador
毛絨玩具
peluche
玩具車
carro de brincar
撥浪鼓
chocalho
玩具屋
casa de bonecas
禮物
presente

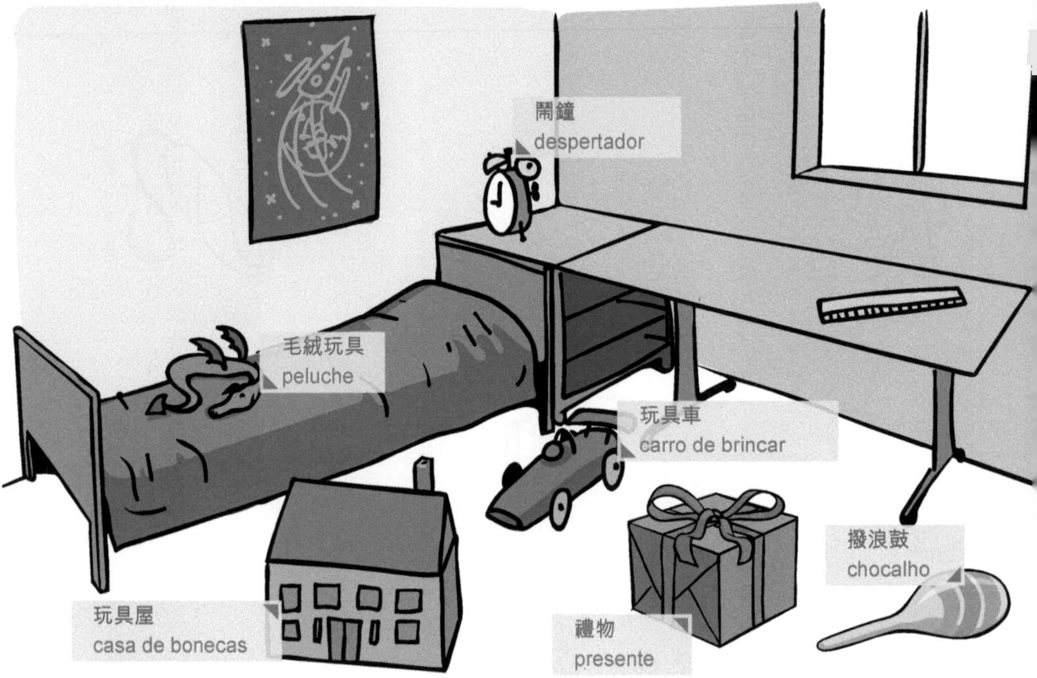

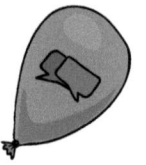

氣球

balão

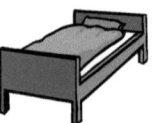

床

cama

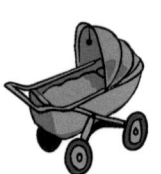

嬰兒車

carrinho de bebé

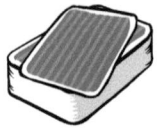

撲克牌

jogo de cartas

拼圖

quebra-cabeças

SUPER
MEGA

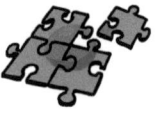

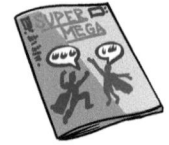

漫畫

banda desenhada

樂高積木

peças de Lego

積木玩具

blocos de construção

公仔

figura de ação

嬰兒服

fato de bebé

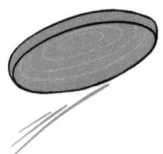

飛盤

Frisbee

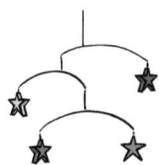

床鈴玩具

móbile para bebé

棋盤遊戲

jogo de tabuleiro

骰子

dados

火車模型

pista de comboio elétrico

安撫奶嘴

chupeta

派對

festa

繪本

livro ilustrado

球

bola

洋娃娃

boneca

玩

jogar

沙坑

caixa de areia

鞦韆

baloiço

玩具

brinquedos

電玩遊戲

consola de jogos

三輪車

triciclo

泰迪熊

ursinho de peluche

衣櫃

guarda-roupa

衣服

vestuário

襪子

meias

長襪

meias pelo joelho

緊身褲

meias-calças

圍巾
cachecol

雨傘
guarda-chuva

皮帶
cinto

T恤
t-shirt

運動鞋
sapatilhas

靴子
botas

拖鞋
chinelos

涼鞋
sandálias

鞋
sapatos

雨靴
botas de borracha

內褲
cuecas

胸罩
sutiã

背心
camisola interior

衣服 - vestuário 45

身體

body

褲子

calças

牛仔褲

calças de ganga

短裙

saia

女式襯衫

blusa

襯衫

camisa

套頭衫

pulôver

連帽上衣

camisola com capuz

西裝夾克

blazer

夾克

casaco

外套

manto

雨衣

gabardina

套裝

traje

連衣裙

vestido

婚紗

vestido de casamento

西裝
fato

睡袍
camisa de dormir

睡衣
pijama

莎麗
sari

頭巾
lenço de cabeça

包頭巾
turbante

波卡
burca

卡夫坦
cafetã

(阿拉伯式)長袍
abaya

泳衣
fato de banho

男式泳褲
calções de banho

短褲
calções

運動服
fato de treino

圍裙
avental

手套
luvas

衣服 - vestuário

鈕扣

botão

眼鏡

óculos

手鏈

pulseira

項鍊

colar

戒指

anel

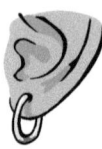

耳環

brinco

便帽

boné

衣架

cabide

帽子

chapéu

領帶

gravata

拉鍊

fecho de correr

安全帽

capacete

背帶

suspensórios

校服

uniforme escolar

制服

uniforme

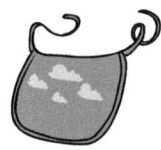

圍兜
babete

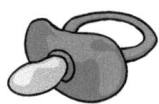

安撫奶嘴
chupeta

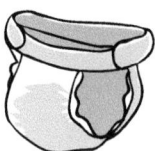

尿布
fralda

辦公室
escritório

伺服器
servidor
檔案櫃
armário de arquivo
印表機
impressora
紙
papel
螢幕
ecrã
滑鼠
rato
辦公桌
secretária
資料夾
pasta
鍵盤
teclado
廢紙簍
cesto de lixo
電腦
computador
椅子
cadeira

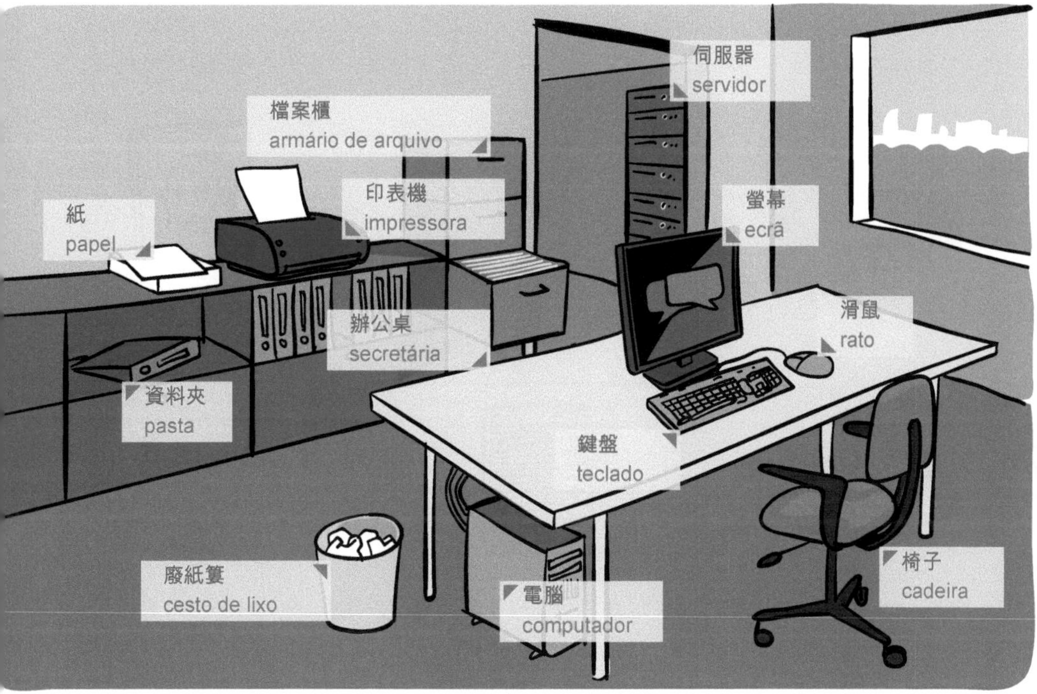

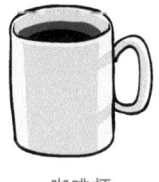

咖啡杯
caneca de café

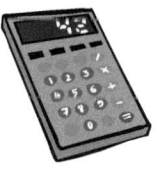

計算機
calculadora

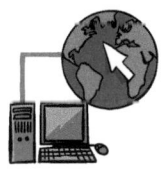

網際網路
internet

筆記型電腦

computador portátil

信件

carta

簡訊

mensagem

行動電話

telemóvel

網路

rede

影印機

fotocopiadora

軟體

software

電話

telefone

插座

tomada elétrica

傳真機

fax

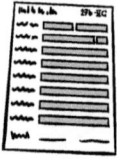

表格

formulário

檔案

documento

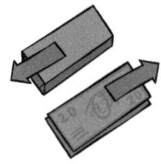

買

comprar

付錢

pagar

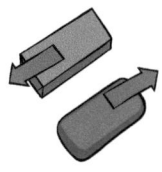

交易

negociar

現金

dinheiro

美元

dólar

歐元

euro

日元

yen

盧布

rublo

瑞士法郎

franco suíço

人民幣

renminbi yuan

盧比

rupia

提款處

caixa de multibanco

外幣兌換處

casa de câmbio

金

ouro

銀

prata

石油

petróleo

能源

energia

價格

preço

合約

contrato

稅金

imposto

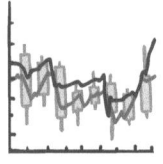

股票

ação

工作

trabalhar

職員

empregado

老闆

entidade patronal

工廠

fábrica

商店

loja

警官
agent da polícia

消防員
bombeiro

廚師
cozinheiro

醫師
médico

飛行員
piloto

園丁

jardineiro

木匠

carpinteiro

裁縫

costureira

法官

juiz

化學家

químico

演員

ator

公車司機

motorista de autocarro

計程車司機

motorista de táxi

漁夫

pescador

清洗女工

empregada de limpeza

屋頂工

telhador

服務生

empregado de mesa

獵人

caçador

畫家

pintor

麵包師

padeiro

電工

eletricista

建築工人

construtor

工程師

engenheiro

屠夫

talhante

水管工

canalizador

郵差

carteiro

士兵

soldado

建築師

arquiteto

收銀員

caixa

花農

florista

理髮師

cabeleireiro

售票員

controlador de bilhetes

機械技師

mecânico

船長

capitão

牙醫

dentista

科學家

cientista

拉比

rabino

伊瑪目

imã

和尚

monge

牧師

pastor

工具
ferramentas

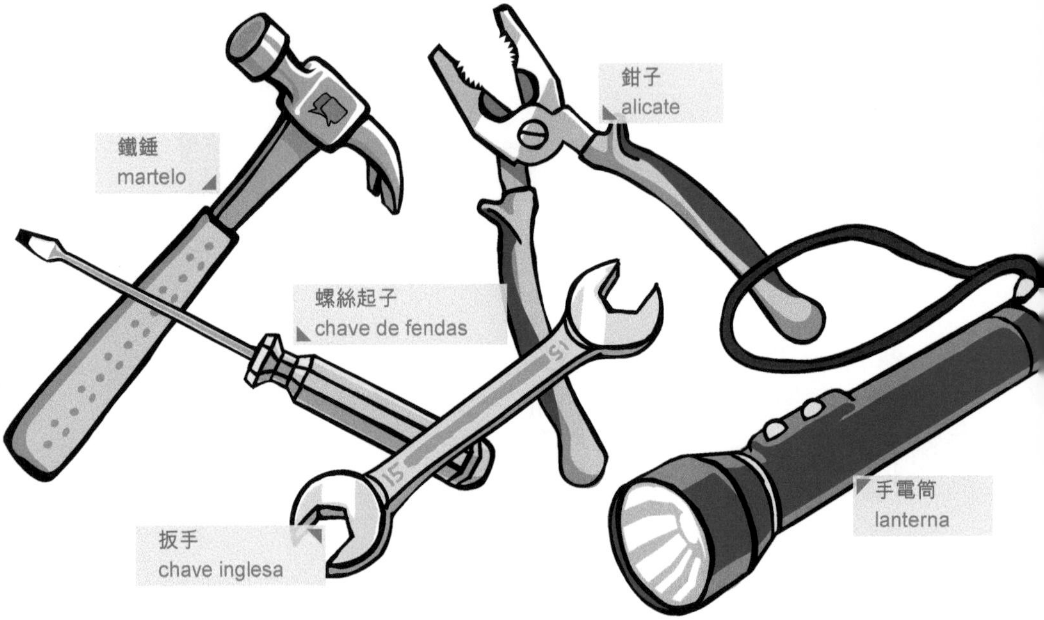
鐵錘
martelo
鉗子
alicate
螺絲起子
chave de fendas
手電筒
lanterna
扳手
chave inglesa

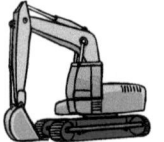

挖掘機
escavadora

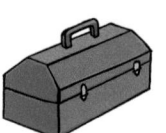

工具箱
caixa de ferramentas

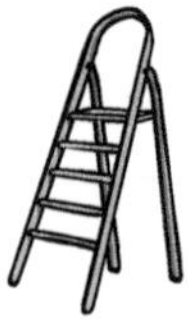
梯子
escadote

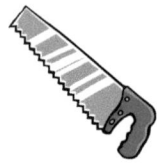

鋸子
serra

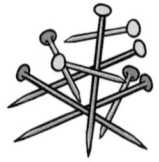

釘子
pregos

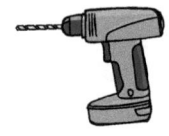

鑽機
broca

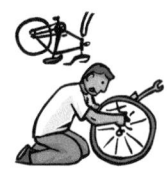

修

reparar

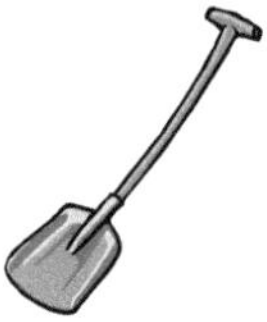

鏟子

pá

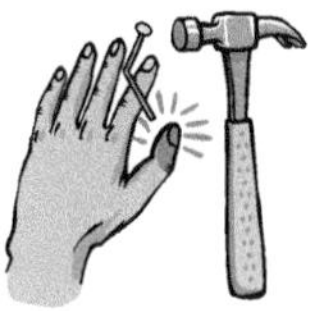

糟糕！

porcaria!

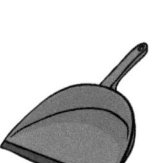

畚箕

pá de lixo

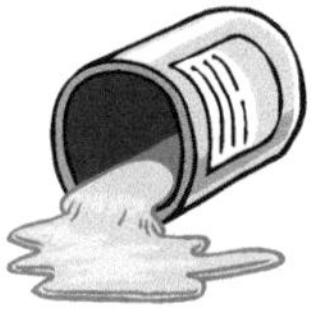

油漆桶

pote de tinta

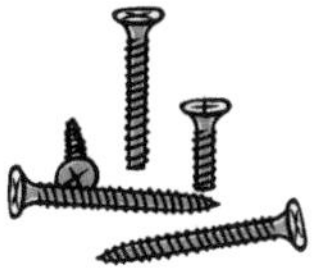

螺絲

parafusos

樂器
instrumentos musicais

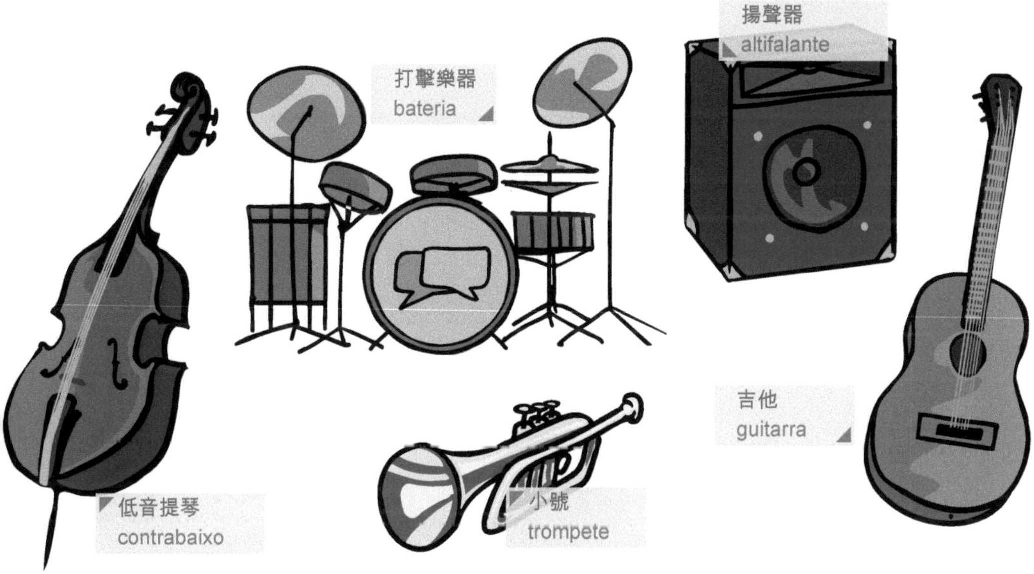
揚聲器
altifalante
打擊樂器
bateria
吉他
guitarra
低音提琴
contrabaixo
小號
trompete

鋼琴

piano

小提琴

violino

貝斯

baixo

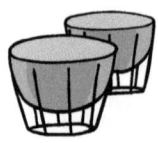

定音鼓

timbales

鼓

tambor

電子琴

teclado

薩克斯風

saxofone

長笛

flauta

麥克風

microfone

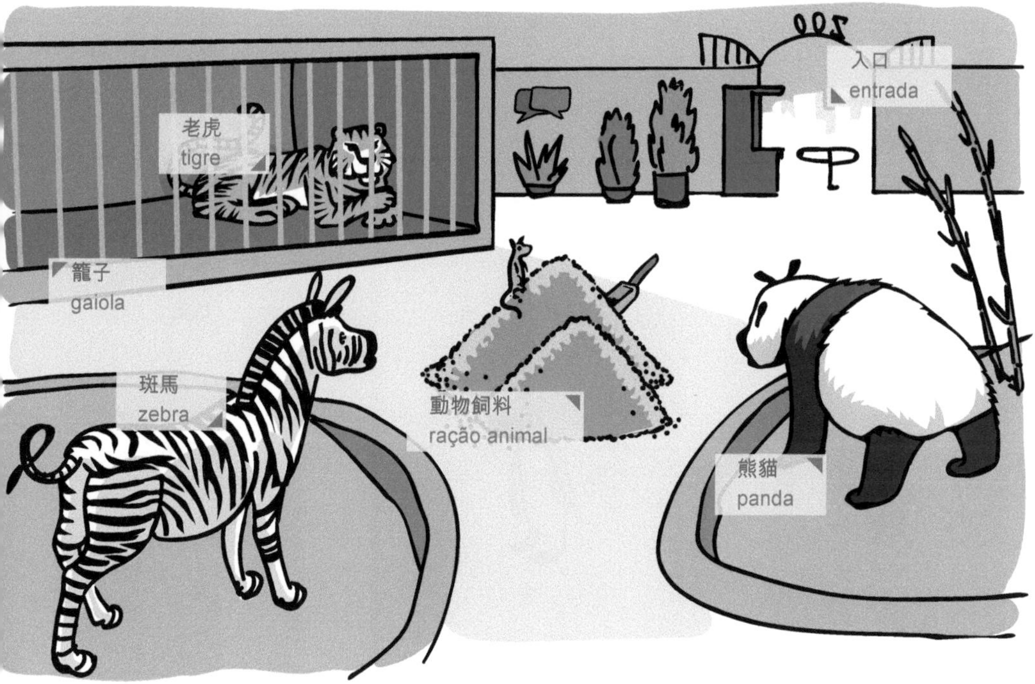

老虎
tigre

入口
entrada

籠子
gaiola

斑馬
zebra

動物飼料
ração animal

熊貓
panda

動物

animais

大象

elefante

袋鼠

canguru

犀牛

rinoceronte

大猩猩

gorila

熊

urso

駱駝

camelo

鴕鳥

avestruz

獅子

leão

猴子

macaco

紅鶴

flamingo

鸚鵡

papagaio

北極熊

urso polar

企鵝

pinguim

鯊魚

tubarão

孔雀

pavão

蛇

cobra

鱷魚

crocodilo

動物園管理員

guarda do jardim zoológico

海豹

foca

美洲豹

jaguar

矮種馬
pónei

豹
leopardo

河馬
hipopótamo

長頸鹿
girafa

老鷹
águia

野豬
javali

魚
peixe

龜
tartaruga

海象
morsa

狐狸
raposa

羚羊
gazela

橄欖球
futebol americano

騎腳踏車
ciclismo

網球
ténis

籃球
basquetebol

游泳
natação

拳擊
boxe

冰球
hóquei no gelo

美式足球
futebol

羽毛球
badminton

田徑
atletismo

手球
andebol

滑雪
esqui

馬球
polo

跳
saltar

擁抱
abraçar

笑
rir

走路
andar

唱
cantar

做夢
sonhar

祈禱
rezar

親吻
beijar

書寫
escrever

畫
desenhar

展示
mostrar

推
empurrar

給
dar

拿
tomar

活動 - atividades

63

有
ter

做
fazer

當
ser

站
ficar de pé

跑
correr

拉
puxar

丟
remessar

摔倒
cair

躺
deitar

等待
esperar

攜帶
carregar

坐
sentar

穿衣
vestir

睡覺
dormir

醒來
acordar

看
olhar para

哭
chorar

擊
acariciar

梳頭
pentear

交談
falar

明白
compreender

問
perguntar

聽
ouvir

喝
beber

吃
comer

清理
arrumar

愛
amar

做飯
cozinhar

開車
conduzir

飛
voar

航行

velejar

計算

calcular

讀

ler

學習

aprender

工作

trabalhar

結婚

casar

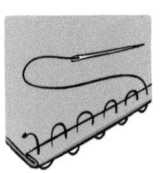

縫

costurar

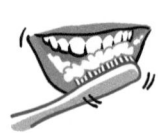

刷牙

escovar os dentes

殺

matar

抽菸

fumar

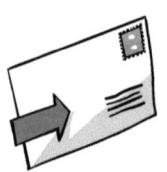

寄

enviar

祖母
avó

嬰兒
bebé

祖父
avô

母親
mãe

父親
pai

女兒
filha

兒子
filho

客人
convidado

阿姨
tia

叔叔
tio

兄弟
irmão

姐妹
irmã

身體

corpo

前額
testa
眼睛
olho
臉
cara
下巴
queixo
手指
dedo
手
mão
乳房
peito
手臂
braço
肩膀
ombro
腿
perna

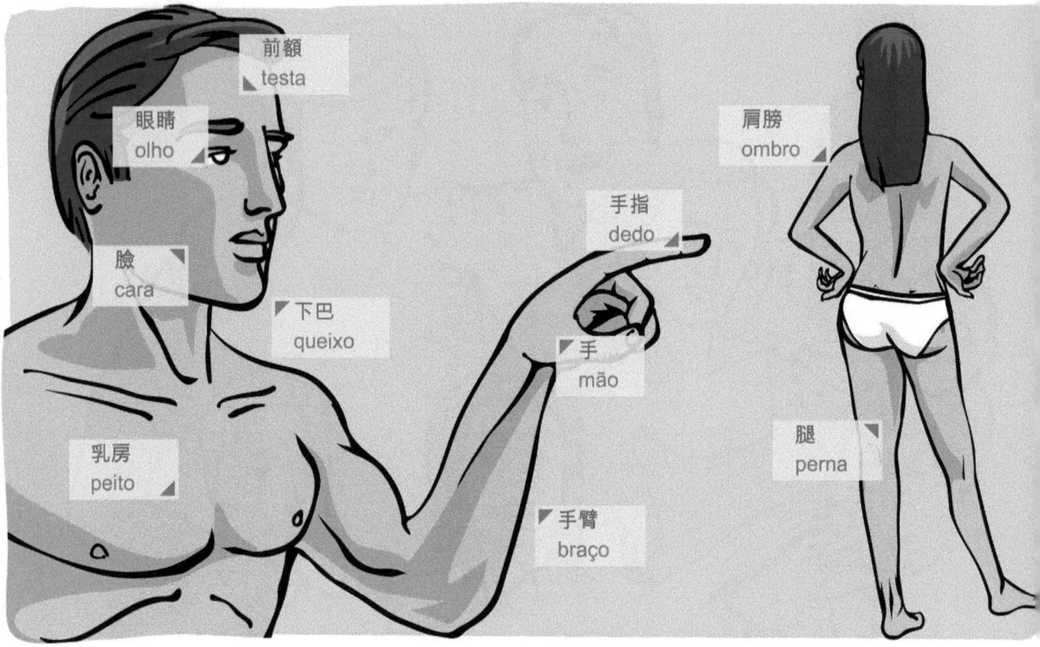

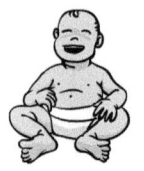

嬰兒

bebé

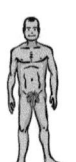

男人

homem

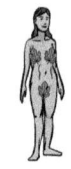

女人

mulher

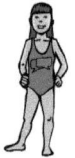

女孩

menina

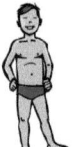

男孩

menino

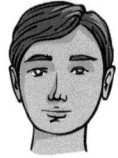

頭

cabeça

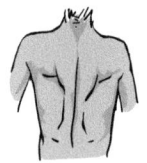

背部

costas

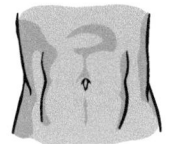

肚子

barriga

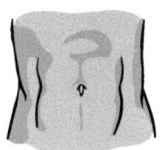

肚臍

umbigo

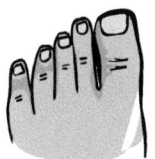

腳趾

dedo do pé

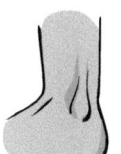

腳後跟

calcanhar

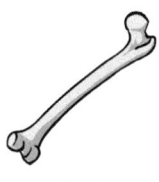

骨頭

osso

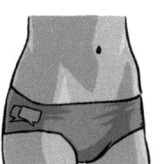

臀部

anca

膝蓋

joelho

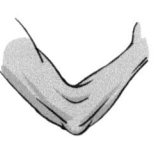

手肘

cotovelo

鼻子

nariz

屁股

nádegas

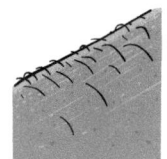

皮膚

pele

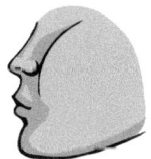

臉頰

bochecha

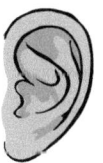

耳朵

orelha

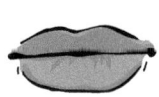

嘴唇

lábio

嘴
boca

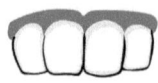

牙齒
dente

舌頭
língua

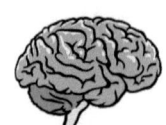

腦
cérebro

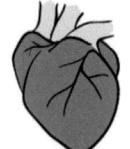

心臟
coração

肌肉
músculo

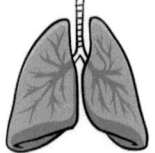

肺
pulmão

肝臟
fígado

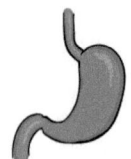

胃
estômago

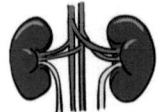

腎臟
rins

性交
relações sexuais

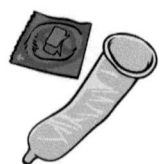

保險套
preservativo

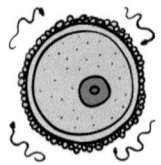

卵子
óvulo

精子
esperma

懷孕
gravidez

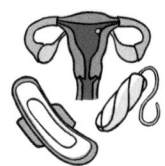

月事

menstruação

陰道

vagina

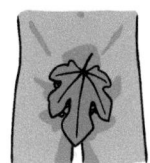

陰莖

pénis

眉毛

sobrancelha

頭髮

cabelo

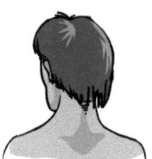

脖子

pescoço

身體 - corpo

醫院

hospital

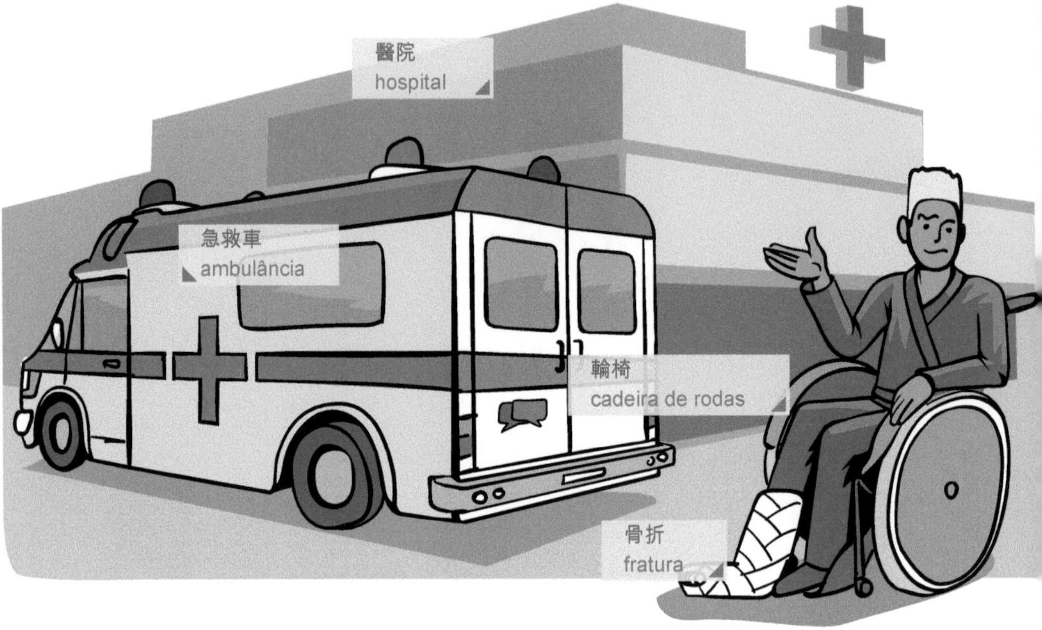

醫院
hospital
急救車
ambulância
輪椅
cadeira de rodas
骨折
fratura

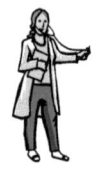

醫師

médico

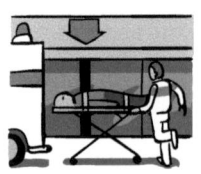

急診室

serviço de urgências

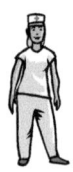

護理師

enfermeira

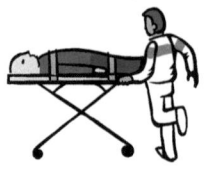

緊急情形

emergência

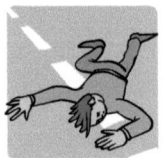

昏迷

inconsciente

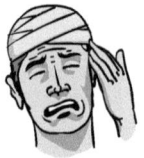

痛

dor

受傷

ferimento

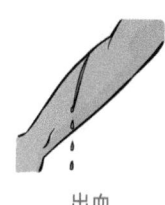

出血

hemorragia

心臟病發作

ataque cardíaco

中風

acidente vascular cerebral

過敏

alergia

咳嗽

tosse

發燒

febre

流感

gripe

腹瀉

diarreia

頭痛

dor de cabeça

癌症

cancro

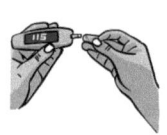

糖尿病

diabetes

外科醫師

cirurgião

手術刀

bisturi

手術

operação

電腦斷層掃描

CT

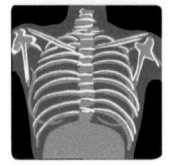

X光

raio x

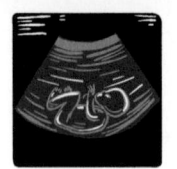

超音波

ultrassom

口罩

máscara

疾病

doença

候診室

sala de espera

拐杖

muleta

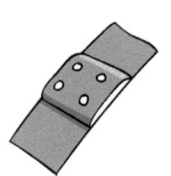

石膏

penso rápido

繃帶

ligadura

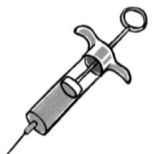

注射

injeção

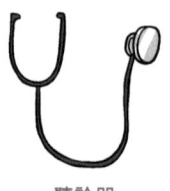

聽診器

estetoscópio

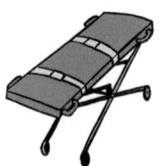

擔架

maca

體溫計

termómetro

出生

nascimento

超重

excesso de peso

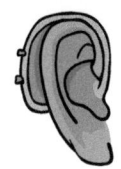

助聽器

aparelho auditivo

消毒液

desinfetante

感染

infeção

病毒

vírus

愛滋病

HIV / SIDA

藥物

medicamento

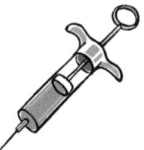

接種疫苗

vacinação

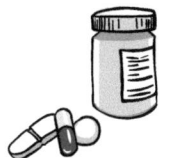

藥片

comprimidos

藥丸

pílula

急救電話

chamada de emergência

血壓計

dispositivo de medição de
pressão arterial

生病/健康

doente / saudável

救命！

Socorro!

警報

alarme

突擊

assalto

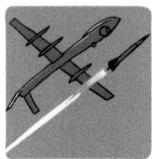

攻擊

ataque

危險

perigo

緊急出口

saída de emergência

失火了！

Fogo!

滅火器

extintor de incêndios

意外

acidente

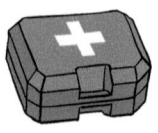

急救箱

estojo de primeiros socorros

呼救訊號

SOS

員警

polícia

歐洲

Europa

北美洲

América do Norte

南美洲

América do Sul

非洲

África

亞洲

Ásia

澳洲

Austrália

大西洋

Atlântico

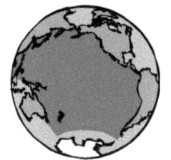

太平洋

Pacífico

印度洋

Oceano Índico

南冰洋

Oceano Antártico

北冰洋

Oceano Ártico

北極

Polo Norte

南極

Polo Sul

南極洲

Antártica

地球

terra

陸地

país

海

mar

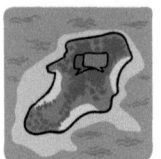

島

ilha

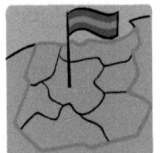

國家

nação

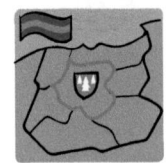

州

estado

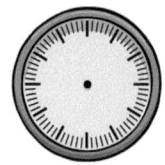

錶盤

mostrador do relógio

時針

ponteiro das horas

分針

ponteiro dos minutos

秒針

ponteiro dos segundos

現在幾點？

Que horas são?

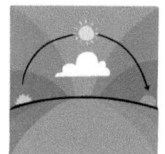

天

dia

時間

tempo

現在

agora

電子錶

relógio digital

分

minuto

時

hora

週

semana

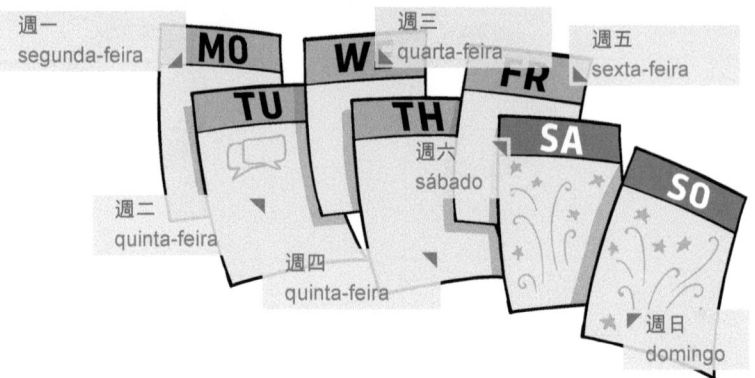

週一 segunda-feira

週三 quarta-feira

週五 sexta-feira

週二 quinta-feira

週四 quinta-feira

週六 sábado

週日 domingo

昨天
....
ontem

今天
....
hoje

明天
....
amanhã

早晨
....
manhã

中午
....
meio-dia

晚上
....
entardecer

工作日
....
dias úteis

週末
....
fim de semana

年
ano

雨
chuva
彩虹
arco-íris
風
vento
雪
neve
春
primavera
夏
verão
秋
outono
冬
inverno

4.APRIL 11°
5.APRIL 4°
6.APRIL 13°
7.APRIL 8°
8.APRIL 10°

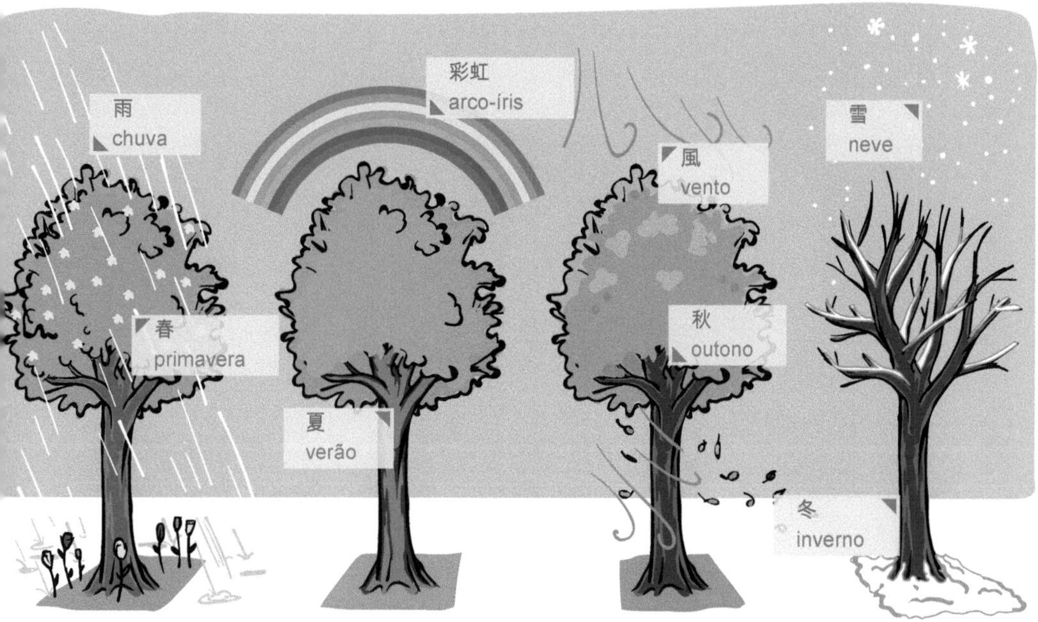

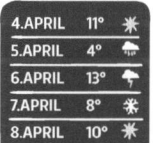

天氣預告

previsão do tempo

F C
120 40
90 30
60 20
30 10
0 0
-30 -10
-20

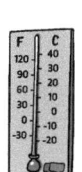

溫度計

termómetro

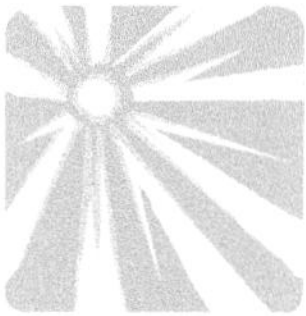

陽光

raios de sol

雲

nuvem

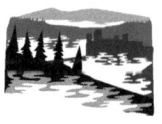

霧

neblina / nevoeiro

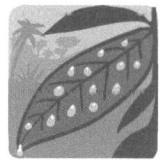

潮濕

humidade do ar

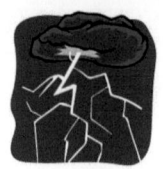

閃電

relâmpago

打雷

trovão

風暴

tempestade

冰雹

granizo

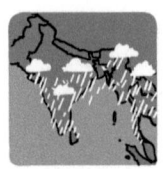

季風

monção

洪水

inundação

冰

gelo

一月

janeiro

二月

fevereiro

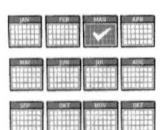

三月

março

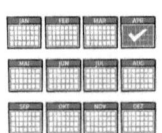

四月

abril

五月

maio

六月

junho

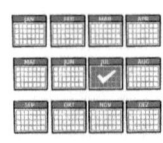

七月

julho

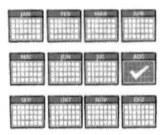

八月

agosto

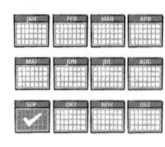

九月

setembro

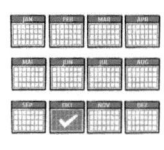

十月

outubro

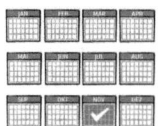

十一月

novembro

十二月

dezembro

形狀

formas

圓形

círculo

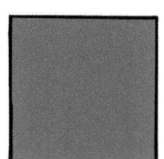

正方形

quadrado

長方形

retângulo

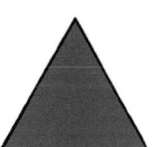

三角形

triângulo

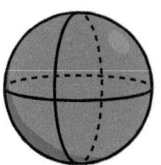

球體

esfera

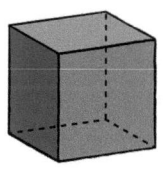

立方體

cubo

白

branco

黃

amarelo

橙

laranja

粉

rosa

紅

vermelho

紫

lilás

藍

azul

綠

verde

棕

castanho

灰

cinzento

黑

preto

很多/少許

muito / pouco

生氣/平靜

furioso / calmo

美/醜

lindo / feio

首/尾

princípio / fim

大/小

grande / pequeno

明/暗

claro / escuro

兄弟/姐妹

irmão / irmã

乾淨/骯髒

limpo / sujo

完整/缺失

completo / incompleto

白天/晚上

dia / noite

死/生

morto / vivo

寬/窄

largo / estreito

可食用/非食用

comestível / não comestível

邪惡/善良

mau / gentil

興奮/無聊

entusiasmado / entediado

胖/瘦

gordo / magro

第一/最後

primeiro / último

朋友/敵人

amigo / inimigo

滿/空

cheio / vazio

硬/軟

duro / macio

重/輕

pesado / leve

餓/渴

fome / sede

生病/健康

doente / saudável

非法/合法

ilegal / legal

聰明/愚笨

inteligente / burro

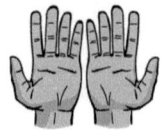

左/右

esquerda / direita

近/遠

perto / longe

新/舊

novo / usado

沒有/有些

nada / algo

老/幼

velho / jovem

開/關

ligado / desligado

打開/闔上

aberto / fechado

安靜/吵鬧

baixo / alto

富/窮

rico / pobre

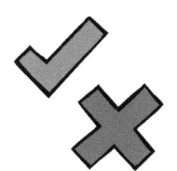

對/錯

certo / errado

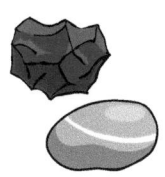

粗糙/光滑

áspero / liso

傷心/高興

triste / feliz

短/長

curto / longo

慢/快

lento / rápido

濕/乾

molhado / seco

溫暖/涼爽

ameno / fresco

戰爭/和平

guerra / paz

0

零

zero

1

一

um

2

二

dois

3

三

três

4

四

quatro

5

五

cinco

6

六

seis

7

七

sete

8

八

oito

9

九

nove

10

十

dez

11

十一

onze

12

十二
doze

13

十三
treze

14

十四
catorze

15

十五
quinze

16

十六
dezasseis

17

十七
dezassete

18

十八
dezoito

19

十九
dezanove

20

二十
vinte

100

百
cem

1.000

千
mil

1.000.000

百萬
milhão

語言
idiomas

英語

inglês

美式英語

inglês americano

普通話

chinês mandarim

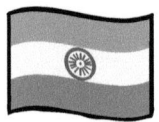

印地語

hindi

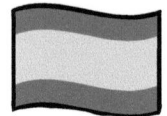

西班牙語

espanhol

法語

francês

阿拉伯語

árabe

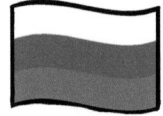

俄語

russo

葡萄牙語

português

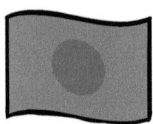

孟加拉語

bengalês

德語

alemão

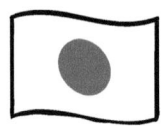

日語

japonês

我

eu

你

tu

他/她/它

ele / ela

我們

nós

你們

vós

他們

eles / elas

誰？

quem?

什麼？

o quê?

如何？

como?

何處？

onde?

何時？

quando?

名字

nome

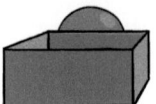

後面

atrás

裡面

em

前面

à frente de

上方

sobre

上面

em cima

下麵

debaixo

旁邊

ao lado

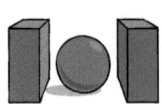

中間

entre

地點

lugar